Henry Potonié

Führer durch die pflanzengeographische Anlage im kgl. botanischen Garten zu Berlin

Henry Potonié

Führer durch die pflanzengeographische Anlage im kgl. botanischen Garten zu Berlin

ISBN/EAN: 9783743621602

Hergestellt in Europa, USA, Kanada, Australien, Japan

Cover: Foto ©ninafisch / pixelio.de

Weitere Bücher finden Sie auf **www.hansebooks.com**

Führer

durch

die pflanzengeographische Anlage

im

Kgl. botanischen Garten zu Berlin.

Von

Dr. H. Potonié.

Mit 2 Tafeln.

Preis: 0,50 Mark.

BERLIN 1890.

Ferd. Dümmlers Verlagsbuchhandlung.

Vorbemerkung.

———

Als ich dem Director des Kgl. botanischen Gartens, Herrn Prof. Dr. A. Engler, von meiner Absicht erzählte, den Lesern der von mir redigirten „Naturwissenschaftlichen Wochenschrift" *) eine mit Illustrationen versehene Beschreibung der von ihm neugeschaffenen pflanzengeographischen Anlage zu bieten, richtete er an mich die ehrenvolle Aufforderung, diese Beschreibung für die Besucher des Gartens als Nachtrag zu dem von Professor J. Urban verfassten officiellen „Führer durch den Kgl. botanischen Garten zu Berlin" (Berlin 1887) auch in Heftform herauszugeben. Möge dieser „Nachtrag" seinen Zweck erfüllen: das Verständniss für die Anlage zu erhöhen und dadurch bei diesem und jenem den Sinn für Pflanzengeographie zu erwecken und zu heben!

———

*) Ferd. Dümmlers Verlagsbuchhandlung. Berlin.

In der Südecke des Kgl. botanischen Gartens zu Berlin, einen Flächenraum von nicht weniger als etwa 80 Ar, also etwa 3 Morgen (etwa $\frac{1}{9}$ des ganzen Gartens) einnehmend, ist von dem Director des Gartens, Herrn Prof. Dr. A. Engler, eine pflanzengeographische Anlage geschaffen worden, die ihres Gleichen sucht. Das noch im vorigen Jahre (1889) dort befindliche „Alpinum", ein Nutzpflanzenstück, über $\frac{1}{3}$ des nahe liegenden für die Kultur der einjährigen Pflanzen bestimmten Stückes u. a. haben der Neu-Schöpfung den nöthigen Platz schaffen und angrenzende mit Bäumen bestandene Partien haben hinzugezogen werden müssen, um die kühne Aufgabe zu lösen*).

Die pflanzengeographische Anlage soll eine Vorstellung der Vegetationsformationen der verschiedenen Florengebiete der nördlichen gemässigten Zone geben. — Sie bietet in der That ein vorzügliches Mittel zum Vorstudium, dem Laien ein anregendes und jedem ein ernst belehrendes Bild. Namentlich glauben wir auf die Wichtigkeit der Anlage für naturwissenschaftliche und geographische Reisende aufmerksam machen zu sollen. Diesen muss das Studium der Anlage besonders empfohlen werden, denn es ist zweifellos, dass sie mit grösserem Gewinn reisen werden, wenn sie sich vorher ein Bild der zu erwartenden Vegetation gemacht haben.

Der umfassende Plan einer Darstellung der Vegetationsformationen der ganzen Erde konnte, abgesehen davon, dass hierzu der Raum auch eines noch so grossen botanischen Gartens nicht ausreichen würde, schon deshalb nicht gefasst werden, weil ja beispielsweise die meisten tropischen Pflanzen bei uns das ganze Jahr hin-

---

*) Bei der Ausführung derselben haben Herrn Prof. Engler zur Seite gestanden Herr Dr. F. Pax, Custos des Gartens, und als specieller gärtnerischer Leiter Herr Obergärtner E. Wocke, der auch die Anlage unter seiner besonderen Obhut hat und hoffentlich auch ferner behalten wird.

durch an das Gewächshaus gebunden sind*). Wer aber
die Engler'sche Anlage studirt, wird Vorstellungen gewinnen, die ihm ein Studium der Gebietstheile, die nicht zur
Darstellung kommen konnten, auch ohne ein solches ausge-
zeichnetes Hilfsmittel, wie es in der Anlage für die vorbe-
nannte Zone geboten wird, ganz wesentlich erleichtern muss.

Die Schöpfung der Anlage ist ein grossartiges Werk:
sie konnte nur von Engler, dem wir die die Pflanzengeographie zum Theil in neue Bahnen leitende Studie „Versuch einer Entwickelungsgeschichte der Pflanzenwelt, insbesondere der Florengebiete seit der Tertiärperiode"**)
verdanken, zur befriedigenden Ausführung um so mehr gebracht werden, als derselbe auf zahlreichen Reisen in
Europa die Standortsverhältnisse der Pflanzen gründlich
kennen gelernt hat.

Mit der Schaffung allein ist's aber nicht gethan,
denn ununterbrochene Arbeit, Wachsamkeit und Umsicht
gehören dazu, die Anlage nun auch so zu erhalten,
dass sie stets ihre Aufgabe erfüllt. Der Gärtner wird
das ohne Weiteres verstehen. Schon das Klima Berlins
passt naturgemäss für viele der in der Anlage vertretenen
Arten nicht: hier muss der Gärtner Bedingungen zu
schaffen suchen, die sich, so gut es nur gehen will, den
gewohnten nähern, und wo das nicht durchführbar ist,
müssen eben die Pflanzen von Zeit zu Zeit ersetzt werden.
Auch ist die Gefahr für die Alpenpflanzen zu er-
frieren — so paradox es klingt — vorhanden, da ihnen
die schützende Schneedecke fehlt, die im hohen Gebirge
erst dann schwindet, wenn gefährliche Fröste nicht mehr
auftreten. — Ferner sind alle Möglichkeiten der Kultur
im Freien von Pflanzen jeder Lebensdauer auf der Anlage
vertreten: einjährige und zweijährige Pflanzen, Stauden,
Sträucher und Bäume nach Maassgabe der Arten ins
Freie ausgepflanzt oder in Töpfen sind zur Verwendung gekommen. Wer sich auch nur ganz oberflächlich mit
Pflanzenkultur beschäftigt hat, muss wissen, was das
heisst. Von den ausgepflanzten Gewächsen müssen die
überwuchernden zurückgedämmt, andere von Zeit zu Zeit
wieder erneuert werden; der Kampf der Gewächse um
den Boden ist ununterbrochen thätig und hier gilt's auf-
zupassen, dass die eine Art die andere nicht einschränke
oder vernichte. Dies in der Praxis durchzuführen erfor-

---

*) Eine theilweise Ergänzung erfährt die Anlage durch die
ausschliesslich aus Topfgewächsen zusammengesetzten pflanzengeographischen Gruppen, welche Gebiete darstellen, die in der
Anlage nicht zu finden sind. Diese Gruppen sind in der Nord-
hälfte des Gartens zu suchen. — Vergl. ganz hinten S. 38—40.
**) 2 Bände, Leipzig 1879 und 1882.

dert so viel Zeit und hat vielfach solche Schwierigkeiten, dass man ja gerade deshalb die Freilandpflanzen in botanischen Gärten vorwiegend nach ihrer Dauer zusammenzubringen pflegt, weil dann die Ueberwachung leichter ist, die Kultur also hierdurch begreiflicher Weise ganz wesentlich vereinfacht wird. Freilich können aber botanische Gärten, in denen allein nach diesem Princip verfahren wird, nicht die hohe Bedeutung haben, wie sie der Berliner botanische Garten anstrebt, der sich nicht damit begnügt, ausschliesslich möglichst viele Pflanzenarten anzusammeln, sondern sich auch das hohe Ziel setzt, das Studium der theoretischen Botanik zu fördern. Ist ein solches Ziel einmal gesteckt, so liegt es nahe, den Versuch zu machen, mit einem Theil der dem Unterricht dienenden Materialien eines botanischen Gartens, der Schwesterdisciplin der Systematik: der Pflanzengeographie, zu dienen. Denn mit einem ernsteren Studium der Systematik oder als Vorbereitung hierzu, der Beschäftigung mit der Flora der Heimath wird zunächst das Bestreben pflanzengeographischer Erkenntniss verbunden sein*).

Die Hauptursachen, welche das Vorkommen gerade der jetzt vorhandenen Arten und ihrer augenblicklichen Vertheilung über der Erde zur Folge haben, sind zu suchen
1. in den Veränderungen, welche die Erde in vorhistorischen (geologischen) und historischen (recenten) Zeiten erlitten hat, also in geologischen und historischen Erscheinungen,
2. in den jetzigen klimatischen Einflüssen, vor allem der Wärme und der Wasserniederschläge, sowie
3. in den Eigenschaften des den Pflanzen als Untergrund dienenden Bodens.
Diese Hauptursachen und andere untergeordnetere, Ursachen haben Pflanzengemeinschaften, Formationen, zu Stande gebracht, die — wie wir schon sagten — zu veranschaulichen die pflanzengeographische Anlage in erster Linie bestimmt ist. In diesen Pflanzenformationen

---

*) Gerade im Hinblick darauf hat es ja auch der Verfasser versucht in der von ihm veröffentlichten Flora unserer Heimath (Illustrirte Flora von Nord- und Mitteldeutschland mit einer Einführung in die Botanik. 4. Aufl. Verlag von Julius Springer. Berlin 1889) unter anderem die Pflanzengeographie einzuführen. Denn der wahre Florist — von dem blossen Pflanzensammler sehe ich ab — wird in erster Linie, wenn er sein Studium durchgeistigt, Pflanzengeograph sein. Wo es nur immer anging, habe ich auch in der vorliegenden Beschreibung stets auf die pflanzengeographischen Verhältnisse unserer Heimath hingewiesen, die in dieser Beziehung so viel des Interessanten bietet.

kehren die sie zusammensetzenden oft zahlreichen Arten in
sehr beständiger Weise wieder; es sind Gruppirungen, die
dem Floristen-Anfänger sehr bald geläufig sind und auch
dem Laien als einfachste pflanzengeographische Einheiten
ohne Weiteres auffallen. Um ein Verständniss des Ganzen
zu gewinnen, geht man daher am besten von ihnen aus.

„Das anschauliche Beispiel einer solchen Formation
bietet ein mit Unterholz versehener Wald, in dem die
hohen Bäume, die in ihrem Schatten stehenden Sträucher,
mehr oder minder grossblättrige Kräuter und niedere
Moose und Flechten nach Kerner's Ausdruck gleichsam
vier über einander gelagerte Schichten darstellen. Der-
artige Gesellschaften sind so beständig, dass z. B. Buche
und Waldmeister verhältnissmässig selten getrennt vorkommen. Am wichtigsten und beständigsten sind natürlich
die Formationen des von der Hand des Menschen nicht
oder wenig berührten Bodens, wie die der Wälder, Wiesen,
Sümpfe, Moore, Gewässer, Geröllhalden, Felsen, des Meeres-
strandes; indess auch Aecker, Gärten, Weinberge, Wege-
ränder, Dorfstrassen ernähren so bestimmt wiederkehrende
Pflanzengesellschaften, dass man diese wohl als künstliche
Formationen bezeichnen könnte." (P. Ascherson)*).

Das, was in der Anlage zur Darstellung gelangt ist,
ersieht man aus der folgenden Disposition, die so recht
eine Einsicht in die Fülle des Gebotenen giebt.

A. Nord- und Mitteleuropa nebst Centralasien.

1. Die Ebene und das Vorgebirge.
   a) Mischwald der Ebene.
   b) Buchenwald.
   c) Kiefern- und Birkenwald.
   d) Offene Haide.
   e) Hochmoor.
   f) Auen der Ebene.
   g) Vorgebirgswiese.
   h) Vorgebirgswald.
2. Sudeten.
3. Skandinavische Gebirge.
4. Voralpine und alpine Formationen.
   a) Auen alpiner Flüsse.
   b) Voralpiner Buchenwald.
   c)   „   Fichtenwald.
   d) Buschwerk voralpiner Weiden.
   e) Alpine Wiese.

---

*) Pflanzengeographie in Leunis-Frank's Synopsis der Bo-
tanik. 3. Aufl. 1. Theil. S. 728. Hannover 1883.

f) Nördliche Voralpen.
g) Centralalpen.
h) Südliche Voralpen.
5. Hochgebirgsflora des Apennin.
6. Pyrenäen.
7. Pontische Flora.
  a) Formation der danubischen Steppe.
  b) Wachholderformation des danubischen Gebiets.
  c) Schwarzkieferwald.
  d) Süssholzflur.
  e) Laubwald.
8. Karpathenflora.
  a) Liptauer Kalkalpen.
  b) Centralkarpathen (Tatra).
  c) Zipser Kalkalpen.
  d) Kalkalpen Siebenbürgens.
9. Balkan (a) und griechische Gebirge (b).
10. Vorderasiatische Hochgebirge.
  a) Subalpiner Nadelwald und Rhododendron-Gebüsch.
  b) Libanon und Taurus.
  c) Pontische Gebirge.
  d) Armenien.
  e) Kaukasus.
  f) Bithynischer Olymp.
11. Himalaya und Turkestan.
  a) Osthimalaya (Sikkim).
  b) Westhimalaya.
  c) Turkestan.
12. Altai.
13. Subarktische sibirische Flora.
  a) Ostsibirische Waldflora.
  b) Westsibirische Waldflora.

B. Mittelmeergebiet und Makaronesien.

1. Mittelmeergebiet.
  a) Immergrüne Macchia-Formation.
  b) Chamaerops-Gebüsch.
  c) Strandflora.
  d) Ericaceen- und Cistus-Macchia
  e) Genisteen-Macchia.
  f) Felsenpflanzen.
  g) Eichengehölz.
2. Makaronesien.
  a) Flora von Madeira.
  b) „ der Kanaren.
  c) Lorbeerwald von Teneriffa.

C. Extratropisches Ostasien.

a) Immergrüne Laubhölzer vorwiegend des Südens von Japan.
b) Hara.
c) Sommergrüne Laubwaldflora der unteren Region in Japan.
d) Laubwaldflora der mitteljapanischen Gebirge in 900—1000 m Höhe.
e) Laubwaldflora der japanischen Gebirge in 1000—1600 m Höhe.
f) Coniferenwaldflora der japanischen Gebirge in 500—1000 m Höhe.
g) Subalpine und alpine Pflanzen Japans in 1500—2400 m Höhe.

D. Nordamerika.

1. Seengebiet.
   [a und b Kanadischer Nadelwald]
   a) Nadelwälder mit Picea nigra u. s. w.
   b)   „   „ Thuja occidentalis u. s. w.
   c) Kanadischer Laubwald.
   d) Moor.
2. Atlantisches Nordamerika.
   a) Laubwald.
   b) Alleghanies.
   c) Carolinische Zone (Pine barrens).
   d) Swamps.
   e) Prairien.
3. Pacifisches Nordamerika.
   a) Oregongebiet.
   b) Caskadengebirge.
   c) Sierra Nevada.
   d) Rocky Mountains.*)

---

*) Die von Dr. Pax in der von Wittmack herausgegebenen „Gartenflora" veröffentlichte Abhandlung „Die neuen pflanzengeographischen Anlagen des Kgl. botanischen Gartens zu Berlin" behandelt nur die Gebiete A. und D. Die Gebiete B. und C. waren zur Zeit dieser Veröffentlichung noch nicht geschaffen. In der vorliegenden Beschreibung habe ich die Pax'sche Arbeit bezüglich der Gebiete A. und D. an mehreren Stellen zu Grunde gelegt. Der von Herrn Prof. Engler herausgegebene „Führer durch den Kgl. botanischen Garten der Universität zu Breslau" (Breslau 1886), in welchem die — ebenfalls von Engler geschaffenen — pflanzengeographischen Anlagen des Breslauer Gartens kurz beschrieben sind, ist mir ebenfalls hier und da von Nutzen gewesen.

Ich will dieser, mir von Herrn Prof. Engler gütigst angegebenen Disposition folgen; die Auffindung der einzelnen Partien in der Anlage selbst wird durch die Zahlen und Buchstaben in dem beigegebenen Plan, Tafel 1, bequem gemacht. Sie entsprechen denjenigen, welche in der obigen Liste zur Anwendung gekommen sind. Von den Pflanzenarten nenne ich nur die bekanntesten, häufigsten und bemerkenswerthesten, denn diese Beschreibung will nur eine Uebersicht und Orientirung bieten und möglichst verständlich sein. Wenn auch die Arten vornehmlich in den Formationen vorkommen, unter denen sie als charakteristisch aufgeführt wurden, so begegnet man doch vielen von ihnen in verwandten Formationen wieder. Die Formationen selbst treten überdies in der freien Natur naturgemäss vielfach in Uebergängen auf, was sich durch eine Vermischung der den typischen Formationen charakteristischen Floren kundthut.

Doch bevor wir in die speciellere Betrachtung eintreten, ein Wort über den allgemeinen Aufbau der Anlage. — Die Partien, welche die ganze Anlage umgeben, meist mit hohen Bäumen besetzt, stellen die Formationen in der Region der Ebene dar und liegen dementsprechend auch am tiefsten: in gleicher Höhe mit dem grössten Theil des botanischen Gartens. Von Norden kommend, steigen wir dann allmählich hinan und gelangen zu den Darstellungen der höheren Regionen, schliesslich zu Felspartien, welche verschiedene Gebirge — die höchsten von ihnen die Alpen — vorstellen sollen. Der höchste Gipfel liegt in 8 m Höhe von der Ebene aus gerechnet. Unsere von Herrn E. Ohmann ausgeführte Ansicht Tafel 2 giebt eine Anschauung der Alpenpartie von Norden aus, genauer von dem auf unserem Plan durch einen Pfeil in dem Bezirk A 1 f angedeuteten Standpunkte aus gesehen. (Vergl. im Uebrigen den Text zu Tafel 2.) Nach Südost fallen diese Alpen en miniature steil ab. Von den Centralalpen rieselt ein geschlängeltes und Inselchen bildendes Bächlein, im Beginne seines Laufes als Sturzbach, durch eine Schlucht der Voralpen der nach Norden gelegenen Ebene zu, die jedoch nicht von dem zum „Flüsschen" gewordenen Bächlein erreicht wird, da es in einem Moor (A 1 c) versiegt.

Nun zur speciellen Beschreibung der Formationen!

A. Nord- und Mitteleuropa nebst Central-asien.

1. Die Ebene und das Vorgebirge.

a) Mischwald der Ebene. — Zur Darstellung des Mischwaldes der Ebene hat derjenige Mitteldeutschlands zum Vorbilde gedient. Der Platz, wo wir diese Formation jetzt finden, war bereits mit hohen Eichen, Ulmen, Hainbuchen, Schwarzpappeln, Feldahorn, sowie wilden Birn- und Apfelbäumen besetzt, unter denen wir die bekannte Waldflora antreffen, also unser Springauf oder Maiglöckchen (Convallaria majalis) und ihre Verwandten Polygonatum officinale und multiflorum, ferner Circaea Lutetiana, Stachys silvatica, Scrophularia nodosa, die Einbeere: Paris quadrifolia, Campanula latifolia, das zierliche Waldgras: Melica nutans, Epipactis latifolia, den Aronsstab (Arum maculatum) u. a. Am Rande des Gehölzes finden wir unsere Waldrandflora oder Flora der lichteren Waldstellen: das Buschwindröschen oder die Osterblume (Anemone nemorosa) und die gelbblühende Anemone ranunculoïdes, den Lerchensporn (Corydalis), die Vorbotin des Frühlings: das Schneeglöckchen (Galanthus nivalis), Lathyrus vernus, das Wald-Vergissmeinnicht (Myosotis silvatica) und -Veilchen (Viola silvatica), den Himmelsschlüssel (Primula officinalis), besonders aber Buschwerk aus dem wohlriechenden „Faulbaum", besser Traubenkirsche (Prunus Padus), dem Schlehdorn (Prunus spinosa), Weiden (Salix cinerea), Schneeball (Viburnum Opulus), Rosen, Kreuzdorn (Rhamnus cathartica) und dem mit diesem nahe verwandten echten Faulbaum oder Pulverholz (Frangula Alnus). — Der gegenüberliegende

b) Buchenwald, der Kalkboden jedem anderen Boden vorzieht, ist besonders pflanzenreich. Sein Unterholz besteht aus Gebüschen des giftigen Seidelbast (Daphne Mezereum), der seine rothen Blumen zeitig den Blättern voraussendet, der Johannisbeere (Ribes rubrum), der Gicht- oder Aalbeere (R. nigrum), einer Geissblattart (der Lonicera Xylosteum), dem Wintergrün oder Singrün (Vinca minor) u. a. Von den vielen Stauden des Buchenwaldes nenne ich nur den Waldmeister (Asperula odorata), das Leberblümchen (Hepatica triloba), den Sauerklee (Oxalis Acetosella), die Haselwurz (Asarum europaeum), den Siebenstern (Trientalis europaca) mit seinen zartweissen, siebenzähligen Blumen, die Türkenbund-Lilie (Lilium Martagon), sowie eine Bienensaug-Art mit goldig-

gelben Blumen (Galeobdolon luteum). — Viel weniger
bietet der

c) Kiefern- und Birkenwald. Er bevorzugt Sand-
boden, und wir finden in ihm daher vorwiegend die Flora
des Sandes und des trockenen Bodens. Die Tracht
der Stauden und der einjährigen Arten des Kiefern-
und Birkenwaldes ist deutlich von der der vorigen Formationen verschieden. Während wir dort im Allgemeinen breitflächenartig entwickelte Laubblätter vorfinden, entsprechen die Laubblätter der Pflanzen des Kiefern- und Birkenwaldes in ihrer Form oft derjenigen der Kiefernnadeln.
Das gemeinschaftliche Gepräge dieser Pflanzen besteht in
ihrem mehr schlanken Aufbau, besonders durch die oft
schmale Gestalt der Blätter, die auch nicht selten eine
gewisse Starrheit verrathen; sie sind beim Eintritt grösserer
Trockenheit verhältnissmässig widerstandsfähig und erinnern durch diese Eigenthümlichkeit an die echten Pflanzen
der Steppen, welche die angeführten Eigenheiten und die
aus ihnen folgenden Eigenschaften am ausgeprägtesten besitzen. Auch „fette“, fleischige Pflanzenarten sind charakteristisch für trockene Gebiete, und wir finden denn auch
hier unsere Fetthenne (Sedum maximum) und den nahen
Verwandten des Mauerpfeffers: Sedum reflexum. Krautige
Arten sind: das weissblumige Fingerkraut (Potentilla
alba), Potentilla rupestris, Silene nutans, das Sandveilchen
(Viola arenaria), Anthericum ramosum, Gypsophila fasti-
giata, eine Waldnelke: Dianthus caesius, Astragalus arenarius, die Hainsimse (Luzula pilosa). — In sehr naher
Beziehung zu dieser Flora steht diejenige der

d) offenen Haide, in der nur hier und da einige
Kiefern, Birken und Wachholderbüsche zu finden sind,
während sonst der Boden vorwiegend von Büschen des
gewöhnlichen, immergrünen sogenannten Haidekrautes (in
Wahrheit bekanntlich ein Strauch), der Calluna vulgaris,
dicht bedeckt wird. Ein anderer allbekannter Strauch der
Haide ist die Heidel- oder Blaubeere (Vaccinium Myrtillus).
Das Katzenpfötchen (Gnaphalium dioicum und das Immer-
schön (Helichrysum arenarium), die Sand-Segge (Carex
arenaria) sind hier so recht zu Hause, mit ihnen starre
Gräser, Jasione montana, die Haidenelke (Dianthus del-
toïdes) und eine nahe Verwandte des Beifusses (Artemisia
campestris). Auch Arten der Küchen- oder Kuhschelle
(Pulsatilla pratensis und vernalis) erblicken wir hier.

e) Das Hochmoor ist ebenfalls eine häufige Formation Norddeutschlands. Zum Unterschiede von den
Wiesenmooren oder Grünlandsmooren, deren Vegetation
vorherschend von echten Gräsern (Gramineen) und
Riedgräsern (Cyperaceen) gebildet wird und die von

kalkreichem Wasser durchtränkt werden, sind die
Hochmoore, denen kalkfreies Wasser zufliesst*), in erster
Linie mit Torfmoos (Sphagnum) besetzt, welches — das
ganze Moor wie ein Polster überziehend — den Untergrund
für charakteristische Phanerogamen vielfach nördlicher Her-
kunft bietet. Nach der Mitte zu steigen die Hochmoore
sanft an, daher ihr Name. Bedingung für das Bestehen
eines Moores ist stetes Vorhandensein von Wasser. Am
Rande unseres Moores finden wir die am nächsten mit
dem Knieholz verwandte Sumpfkiefer (Pinus uncinata),
auf dem Moore selbst die Zwergbirke (Betula nana), den
Gagelstrauch (Myrica Gale) u. a. Sträucher, so den Sumpf-
porst (Ledum palustre), die Andromeda poliifolia, die
Moorhaide (Erica Tetralix), die der Heidelbeere so ähnliche Rausch- und Trunkelbeere (Vaccinum uliginosum),
die sich dem Boden dicht anschmiegende Moosbeere
(V. Oxycoccos) und die Kräbenbeere (Empetrum nigrum);
von Stauden sind bemerkenswerth das Sumpfveilchen
(Viola palustris), das Läusekraut (Pedicularis palustris
und silvatica), das Teufels- oder Blutauge (Comarum palustre), Wollgrasarten (Eriophorum) und die Farnkräuter:
Aspidium Thelypteris und Königsfarn (Osmunda regalis).
— Von dem Hochmoor gelangen wir etwas ansteigend
durch

f) **Auen der Ebene** zunächst zu einer Vorgebirgswiese, dann zu einem Vorgebirgswald. Die Aue weist unsere
gewöhnlichsten Wiesen-Kräuter auf, aber auch seltenere
und schöne wie die Iris sibirica. Ein Wiesengraben be-
herbergt den Fieberklee (Menyanthes trifoliata), das
Schweineohr (Calla palustris), den Wasserfenchel (Oenanthe
aquatica), an seinem Rande ein grossblüthiges Weiden-
röschen (Epilobium hirsutum). — Hieran schliesst sich
eine

g) **Vorgebirgswiese** mit ihren saftigen Kräutern.
Zunächst die wie eine sehr grossblumige Hahnenfuss-Art
aussehende Trollblume (Trollius europaeus), die im Herbste
blühende Herbstzeitlose, deren Laubblätter und Früchte
erst im nächsten Frühjahr zum Vorschein kommen, (Col-
chicum autumnale), die Krebswurzel (Polygonum Bistorta),
der Germer (Veratrum album), Primula elatior, Geranium
silvaticum, Myrrhis odorata, rothblühende Orchideen wie

---

*) Das in dem Hochmoor (A 1 c) der geographischen Anlage
versiegende künstliche Büchlein fliesst allerdings durch Gebirge
aus Kalkstein, von welchem es natürlich Bestandtheile löst. Es
hat dies aber hier keine grosse Bedeutung, da das Hochmoor so
wie so fortdauernd künstlich wird erhalten werden müssen, weil
sich die Bedingungen für das Gedeihen der Moorpflauzen in
Gärten nur schwer schaffen lassen.

Gymnadenia conopea, die allbekannte Arnica und sehr viele andere.

h) Der Vorgebirgswald, aus Buchen, Tannen oder Fichten gebildet, gliedert sich in den Vorgebirgswald von Nord- und Mitteldeutschland und in den am Fuss der Alpen; an ersteren schliesst sich dann die Flora der Sudeten, an letzteren die der Alpen an. In dem erstgenannten erblicken wir einen kleinen Fichtenwald mit subalpinen Stauden, wie Mulgedium alpinum, dem Farnkraut: Blechnum Spicant. Die Stauden des aus Edeltannen gebildeten Vorgebirgswaldes der Alpen sind vielfach dieselben wie die des Buchenwaldes der Ebene. Als Unterholz nennen wir Daphne Mezereum, Ribes alpinum. Die Eibe (Taxus baccata) ist hier und da zu finden. Stauden sind die Tollkirsche oder Belladonna, eine Steinbrechart (Saxifraga decipiens), die wir nicht selten als Gartenzierpflanze benutzen, Stellaria nemorum und Andere.

2. Sudeten.

Bei dem Interesse, welches für uns die Flora der Sudeten hat, ist dieser ein besonders grosser Raum gewidmet, in welchem gleichzeitig der Unterschied der Flora der Westsudeten, also des Riesengebirges, und der Ostsudeten, also des Mährischen Gesenkes, zur Anschauung gebracht wird. Die gemeinsamen Arten nehmen die Mitte, die Specialfloren die Enden des verwendeten Raumes ein. In der Specialflora des Riesengebirges etwa aus 50 Arten bestehend ist vor allen Dingen das den Kamm bedeckende Knieholz, die Legföhre (Pinus Pumilio) zu nennen. Weitere Arten, die dem Gesenke fehlen, sind z. B. der Teufelsbart (Pulsatilla alpina), im Schatten des Knieholzes und auf Mooren die kleine nordische Brombeere (Rubus Chamaemorus), ferner mehrere Steinbrecharten wie Saxifraga nivalis, oppositifolia, bryoïdes und mochata, die schön violett blühende Gentiana Asclepiadea und die Primula minima. Im Gesenke hingegen, das Beziehungen zu den Alpen und den Karpathen aufweist, befinden sich unter den etwa 30 Arten, die dem Riesengebirge fehlen, der Wolfssturmhut (Aconitum Lycoctonum), Saxifraga Aïzoon, Aster alpinus, die Campanula barbata und der kleine Enzian: Gentiana verna*).

---

*) Vergl. S. 75 von E. Fick's Flora von Schlesien, in der sich eine über 100 Seiten einnehmende pflanzengeographische Einleitung — das behandelte Gebiet betreffend — und zwar der Abschnitt über „Die Vegetationslinien der schlesischen Flora" (S. 76—111) aus der Feder von R. v. Uechtritz vorfindet.

3. Skandinavische Gebirge.

Auch in Skandinavien fehlt das Knieholz; wie erblicken hier die niedrige Wachholder-Art Juniperus nana.
Anderes kleines Gesträuch sind die Zwergweiden Salix
polaris und retusa, die grösseren Weiden Salix Lapponum
und S. lanata und die arktische Brombeere Rubus
arcticus. An Stauden sind vorhanden Dryas octopetala,
Alchemilla alpina, Antennaria alpina, Saxifraga Cotyledon,
Silene acaulis, Diapensia lapponica, Rhodiola rosea, die
Jakobs- oder Himmelsleiter (Polemonium coeruleum),
mehrere Carices, von einjährigen Gewächsen Draba hirta,
Papaver alpinum. Es ist eine Flora, die sehr an die der
Alpen erinnert, aber doch so mancher für die letzteren
characteristischen Form, wie eben des Knieholzes, ferner
der Alpenrosen und des Edelweisses entbehrt.

4. Voralpine und alpine Formationen.

Vor den Alpen bilden zunächst die
a) Auen alpiner Flüsse, auf von den Voralpen
herabgekommenen Geröll-(Kies-)massen, die häufigen Ueber-
schwemmungen ausgesetzt sind, eine besondere Pflanzen-
genossenschaft. In unserer Anlage finden wir sie am
Rande des aus den höheren Partieen herabkommenden
kleinen Gewässers. Die Isarauen bei München haben zum
Vorbilde gedient. Buschwerk aus dem silberweissblättrigen
Seedorn (Hippophaë rhamnoïdes), sonst eine Pflanze des
Meeresufers, aus der Weisserle (Alnus incana) und Weiden
(Salix daphnoïdes und nigricans) sind hier mit Stauden
wie z. B. Hieracium staticefolium und einer Pestwurz mit
fast schneeweissen Blättern (Petasites niveus) vergesell-
schaftet. Diese Pflanzengemeinschaften haben ein graues
Ansehen durch die meist graue und helle Färbung des
Laubwerks.

b) Der voralpine Buchenwald, wie etwa in Ober-
bayern und Salzburg, birgt an Sträuchern Sorbus Aria,
Cytisus nigricans, Viburnum Lantana, Lonicera alpigena;
bemerkenswerthe Stauden sind Salvia glutinosa, Aposeris
foetida, Carex alba und die schönste Orchidee Deutsch-
lands der Venusschuh (Cypripedium Calceolus). Im Herbst
erfreut uns ein Trupp blühender Alpenveilchen (Cyclamen
europaeum), deren Knollen zwar giftig sind, aber doch
von den Wildschweinen gern gefressen werden (daher
der Volksname Saubrot), im Frühjahre am Waldrande
ein kleines Buschwerk der reizenden Erica carnea.

c) Der voralpine Fichtenwald bietet an be-
kannteren Arten die Rosa alpina, Lonicera coerulea und

nigra, Rhamnus alpina und Salix grandifolia, eine Nies-
wurz-Art (Helleborus niger), den rothen Fingerhut (Digi-
talis purpurea), Saxifraga rotundifolia, Petasites albus,
Veratrum album, die Hirschzunge (Scolopendrium vulgare)
und die zarte Cystopteris montana.

Bevor wir weiter hinauf kommen bemerken wir
noch ein

d) Buschwerk voralpiner Weiden und gelangen
dann in die alpine Region; zunächst zu einer

e) Alpenwiese. Gentiana lutea und acaulis, Sweertia
perennis, Geum montanum, Potentilla aurea, der auch als
Charakterpflanze der Sudeten bekannte Sturmhut (Aconitum Napellus), Polygonum viviparum, Adenostyles albi-
frons, Senecio subalpinus, Hieracium aurantiacum und alpinum und die reizende, wohlriechende Nigritella nigra
treten uns hier entgegen.

Wer nicht in den Alpen oder sonst in einem höheren
Gebirge war, und durch Naturanschauung den Eindruck
kennt, welchen die charakteristisch meist kleinstengeligen,
aber verhältnissmässig grossblumigen Alpengewächse
machen, der kann hier in der That recht gut eine leid-
liche Vorstellung über die Gebirgsflora gewinnen.

Die bei weitem meisten Arten dieser Formation, wie
die boreal-alpinen überhaupt, sind mit ihren unterirdischen
Organen ausdauernd und zeichnen sich also durch auffallend niedrigen Wuchs aus. Die Gründe für diese Er-
scheinung liegen darin, dass eine einjährige Art, die doch
erst die unterirdischen Organe ausbilden muss, von der
Keimung des Samens bis zur Fruchtbildung meist mehr
Zeit gebraucht als eine ausdauernde, bei welcher mit dem
Beginn der Vegetations-Periode die unterirdischen Theile
— oft schon mit den Anlagen für Blätter und Blüthen —
bereits da sind. Die boreal-alpinen Arten müssen in kurzer
Zeit zur Fruchtreife gelangen, wenn sie überhaupt Nach-
kommen erzeugen wollen, da während der längsten Zeit
im Jahre die Kälte und die Bedeckung des Erdbodens
mit Schnee und Eis das Pflanzenwachsthum hemmen.
Die erwähnte Bedeckung des Erdbodens, welche höhere
Pflanzen leicht niederbricht, entspricht der geringen Höhe
der boreal-alpinen Arten; der Hauptgrund zu der letzteren
liegt aber vielleicht darin, dass, in beeisten Regionen der
Boden verhältnissmässig viel wärmer ist als die Luft,
welchen Umstand sich die Pflanzen durch Anschmiegen
an den Boden möglichst zu Nutze machen. Sie erzeugen
daher nur eine kurze Spross-Unterlage und schreiten dann
sofort zur Bildung der Blüthen.

f) Die Pflanzen der nördlichen Voralpen sind
auf der ersten, nördlichen, der drei parallel vorlaufenden

2

Felspartieen untergebracht. Diese erste Kette ist aus Kalkstein, die mittelste, die Centralalpen vorstellend, aus granitischem Gestein, die südliche, die südlichen Voralpen vorstellend, aus Tuff errichtet worden. Diese 3 Ketten demonstriren daher gleichzeitig die Arten des Kalk- und des Urgesteins. Betrachten wir zunächst die Kette, welche die Flora der nördlichen Voralpen zum Ausdruck bringt. In der Mitte derselben sind solche Arten untergebracht, die im ganzen Gebiet verbreitet auftreten; wir sehen hier die Rhododendron hirsutum, die bekannte Alpenrosen-Art mit am Rande gewimperten Blättern, Zwergweiden (Salix reticulata und retusa), die Aurikel (Primula Auricula), Dryas octopetala, den weissblüthigen Alpenmohn (Papaver alpinum), Hutchinsia alpina, Silene acaulis in dichten Rasenpolstern und Saxifraga caesia; auch das in Pelz gehüllte Edelweiss findet sich schon hier. Die anderen Partieen der in Rede stehenden Kette stellen Bezirke der nördlichen Voralpen dar, die sich floristisch durch Besonderheiten auszeichnen. Wir wollen von diesen — um nicht zu ausführlich zu werden — nur erwähnen: 1. die Partie, welche für die Flora des Jura und der nördlichen Schweiz*) bestimmt ist mit Sedum Fabaria, Senecio adonidifolius und Veronica fruticulosa, 2. die Flora von Bayern und Nordtyrol mit Primula Clusiana und Rhododendron Chamaecistus, sowie 3. die Flora Salzburgs und Niederösterreichs mit Callianthemum (Ranunculus) anemonoïdes u. s. w. — Auch die Flora der

g) Centralalpen ist gegliedert wie die vorige. Der ganze nach Norden hin gerichtete Abhang ist in der Anlage mit allgemein verbreiteten Arten der Central-Alpen bedeckt, während der südliche Abhang die Unterabtheilungen zeigt. Von den allgemein verbreiteten Arten sind in erster Linie zu nennen: die rostrothblättrige Rhododendron ferrugineum, welche im Gegensatz zu der oben unter f genannten kalkholden Alpenrosen-Art mehr auf Urgebirge zu finden ist, Salix Myrsinites, Thalictrum foetidum und alpinum, die gelbblühende Papaver pyrenaïcum, Potentilla grandiflora, Geum reptans, Saxifraga Cotyledou, moschata und bryoïdes, Artemisia Mutellina und spicata, Luzula spadicea.

Von den am südlichen Abhang befindlichen Unterabtheilungen nenne ich nur die die sehr ausgezeichnete Flora

*) Ich kann nicht umhin demjenigen, der sich eingehender pflanzengeographisch mit der verlockenden Alpenflora beschäftigen will, das ausgezeichnete Werk H. Christ's „Das Pflanzenleben der Schweiz" (1879) zu empfehlen.

von Kärnthen-Steiermark darstellende Gruppe. Wir erblicken hier die seltene Scrophulariacee Wulfenia carinthiaca, die sonst nirgends auf der Erde gefunden wird, ausserdem wieder Callianthemum anemonoïdes, ferner Papaver alpinum, Arabis ovirensis, Viola alpina, Potentilla nivea, Primula villosa, Androsace villosa und Avena planiculmis. Ausserordentlich mannigfaltig ist die Flora der

h) südlichen Voralpen. Abgesehen davon, dass hier viele Arten, die wir schon von den nördlichen Voralpen her kennen, wieder auftreten, kommen eine Unzahl anderer hinzu, namentlich solcher, die in diesem Gebiet ausschliesslich einheimisch (endemisch) sind. Auch hier enthält wieder eine, nämlich die nach Süden hin gewendete mittlere Partie, die in den südlichen Voralpen allgemeiner verbreiteten Arten. Von den die bemerkenswerthesten Bezirke dieses Gebietes veranschaulichenden Gruppen machen wir hier nur auf diejenige aufmerksam, welche die südtyroler Dolomitalpen vorstellen soll, da sich gerade diese durch höchste Mannigfaltigkeit auszeichnet. Einige Vertreter dieser Flora sind: Callianthemum anemonoïdes, Ranunculus Seguieri, Potentilla nitida, Sempervivum dolomiticum, mehrere endemische Saxifraga-Arten, Campanula Morettiana, Phyteuma comosum, Primula spectabilis, Androsace carnea, Carex capitata und die Farn: Asplenium Selosii und Woodsia glabella. Eine Abzweigung der südlichen Voralpen enthält die

5. Hochgebirgsflora des Apennin.

Nur eine geringe Zahl Arten hat der Apennin mit den Alpen gemeinsam. Den Alpen fehlen z. B. Potentilla apennina, Sedum magellense und Saxifraga lingulata.

6. Die Pyrenäen

nehmen in der Anlage einen grossen Raum ein. Ihre Flora ist alpenähnlicher als die vorige, auch zu den arctischen Ländern sind die Beziehungen bedeutender. Pflanzen, die die Pyrenäen mit den Alpen gemeinsam haben, die aber den arctischen Ländern fehlen, sind das Edelweiss, Saxifraga Cotyledon und verschiedene Primel-Arten, wie Primula hirsuta, integrifolia und latifolia. Sonst bemerkenswerth sind Ranunculus amplexicaulis, Meconopsis cambrica, Potentilla pyrenaica und splendens, Geum pyrenaicum, Saxifraga geranioïdes, hirsuta und S. Geum, Hieracium phlomoïdes und die hübsche Gesneracee Ramondia pyrenaica.

2*

7. Die pontische Flora

in Südrussland und westwärts bis zum östlichen Galizien,
dem Rande der Karpathen und Alpen und bis fast ans
Adriatische Meer sich erstreckend, ist im Vergleiche
namentlich zu der angrenzenden Mittelmeerflora auffallend arm an immergrünen Phanerogamen. Nach
A. Kerner*) besitzt die Mediterranflora Oesterreich-Ungarns 3 Procent, die der pontischen Flora nur 0,8 Procent immergrüne Phanerogamen.

Von der pontischen Flora liegt uns am nächsten
die — eine besondere Formation bildende —

a) danubische Steppe mit ihren heissen und trok-
kenen Sommern und strengen Wintern, so dass sich die
Vegetationsdauer fast nur auf den Frühling beschränkt.
Unter den Pflanzen der danubischen Steppe finden sich
mehr einjährige als ausdauernde, nach Kerner 56 Procent, während nach demselben Autor nicht weniger
als 96 Procent ausdauernde Arten in der alpinen Region
der Alpen anzutreffen sind (vergl. Abschnitt A 4 c). Auf die
Tracht der typischen Steppenpflanzen haben wir schon bei
Besprechung der Formation des Kiefern- und Birkenwaldes
(Abschnitt A 1 c) die Aufmerksamkeit gerichtet.

Der norddeutsche Florist wird hier manche Pflanzen-
art finden, die ihm auch hier und da in der Heimath ent-
gegentritt, z. B. das schöne Federgras (Stipa pennata),
mit seinen langen, wehenden und federartigen, weich-
behaarten Grannen, ihre in ihrem Aussehen bescheidenere
Verwandte Stipa capillata, Andropogon Ischaemon, Sal-
sola Kali, das Teufelsauge (Adonis vernalis), Ranunculus
illyricus, Achillea setacea, Aster Linosyris und Scorzonera
purpurea. Diese Arten sind denn auch nach der Eiszeit
(vergl. B 1 a) in der That mit vielen anderen Arten der
pontischen Flora über die Ostgrenze unserer Heimath zu
uns eingewandert**). Die südlichen Theile Norddeutschlands müssen damals Steppencharakter besessen haben,
denn es sind aus jener Zeit von A. Nehring auch Reste
von Steppenthieren gefunden worden. Andere Arten der
danubischen Steppen sind Ornithogalum narbonense, Kochia
arenaria, Gypsophila paniculata, Onosma arenarium und
die Schachtelhalmähnliche Ephedra monostachya.

Sehr charakteristisch ist die

b) Wachholderformation des danubischen
Gebietes. Nicht nur der gewöhnliche Wachholder (Juniperus communis) bildet hier das Buschwerk, viele an-

---

*) Oesterreich-Ungarns Pflanzenwelt. Wien 1886.
**) Eingehenderes hierüber weiter hinten S. 36—37.

dere Gehölze sind noch mit ihm vergesellschaftet, so die Berberitze (Berberis vulgaris), der Schlehdorn (Prunus spinosa), der Liguster (Ligustrum vulgare), mehrere Goldregen- (Cytisus-) Arten u. a. — Ein

c) Schwarzkieferwald (aus Pinus austriaca = P. nigricans) ohne, mitunter mit spärlichem Unterholz und dürftiger Staudenvegetation, sowie eine

d) Süssholzflur (aus Glycyrrhiza echinata, das „Russische Süssholz" liefernd, und glandulifera) mit Strandhafer und -Roggen (Elymus arenarius) sind ebenfalls zur Darstellung gelangt. — Auch ein pontischer

e) Laubwald fehlt nicht mit der Eichen-Art Quercus pubescens, auch der Zerreiche (Q. cerris), der Silberlinde (Tilia argentea), der Edelkastanie (Castanea vesca) und mit reichlichem aus Apfel, Hollunder (Sambucus nigra), der Lambertsnuss (Corylus tubulosa) u. a. Arten gebildetem Unterholz. Stauden des pontischen Laubwaldes sind z. B. die uns aus unseren Gärten besonders bekannten Waldsteinia geoïdes und Telekia speciosa und ferner durch Schönheit auffallend Paeonia tenuifolia, Lychnis Coronaria, Lithospermum purpureo-coeruleum, Phlomis tuberosa und Melica altissima*).

8. Karpathenflora.

Der Flora der Karpathen ist ein besonderes wieder in Unterabtheilungen gegliedertes Revier gewidmet. Endemisch sind hier die verbreitete, kalkholde Campanula carpathica in subalpiner Höhe, ferner Melandryum Zawadskyi, Waldsteinia trifolia, Saxifraga carpathica u. a. Steinbrech-Arten, Leucanthemum rotundifolium, Bruckenthalia spiculifolia. Ein bemerkenswerthes Nadelholz, das die Karpathen mit den Alpen gemeinsam haben, ist die nur der alpinen Region angehörige Zirbelkiefer oder Arve (Pinus Cembra). Auch finden wir das Edelweiss, Primula Auricula, Dryas octopetala, ferner Linum alpinum und Alsine laricifolia; die letztgenannten 5 Arten fehlen aber nebst vielen anderen der aus Granit zusammengesetzten hohen Tatra.

Besondere Abtheilungen bilden in der Anlage, wie schon gesagt:

a) die liptauer Kalkalpen,
b) die Tatra,
c) die Zipser Kalkalpen und
d) die Karpathen Siebenbürgens.

---

*) Vergl. zum Studium speciell der Flora der Donauländei ausser dem oben citirten Werk auch Kerner's interessantes Buch: „Das Pflanzenleben der Donauländer." Innsbruck 1863.

9. Balkan (a) und griechische Gebirge (b).

Besonders auffallend sind hier zwei neu auftretende
Nadelhölzer, eine Fichte, die Picea Omorika, und eine
Kiefer, die Pinus Peuce. Von den auf den griechischen
Gebirgen Wälder bildenden Tannen ist Abies cephalonica
in der Anlage vorgeführt worden. Dass die Rosskastanie
in den griechischen Gebirgen ihre Heimath hat, will ich
nicht vergessen zu erwähnen.

Die Flora der Gebirge der Balkan-Halbinsel bietet
Beziehungen zur Flora der vorder- und centralasiatischen
Gebirge. — Wir gelangen daher von hier aus ganz natur-
gemäss zu der

10. Flora der vorderasiatischen Hochgebirge

mit ihren schönen Gebirgspflanzen, von denen hier an die
Arten des persischen Insektenpulvers, Pyrethrum carneum
und roseum, erinnert sein mag.

a) Die subalpinen Nadel-Wälder mit ihren
prächtig grossblumigen und daher in unseren Gärten beliebten Gebüschen von Rhododendron caucasicum, ponti-
cum und flavum sind wenigstens durch einzelne Vertreter
markirt, so durch die Picea orientalis und die sich in
unseren Parks immer mehr einbürgernde prächtige Nord-
mannstanne (Abies Nordmanniana). — Die Namen

b) Libanon und Taurus erinnern uns ohne Weiteres an die Zeuginnen der christlichen Vorgeschichte, an
die „Cedern des Libanon" (Cedrus Libani) mit ihren
schirmartigen Kronen. Die Cedern-Wälder sind aber am
Libanon leider fast verschwunden, nur noch verhältnissmässig wenige, alte Exemplare sind dort zu finden und
ein Nachwuchs ist nicht zu bemerken.

Ausserdem sind also zur Darstellung gekommen:

c) das pontische Gebirge,
d) Armenien,
e) der Kaukasus,
f) der Bithynische Olymp.

11. Himalaya und Turkestan.

Auch vom mächtigen Himalaya, der sich gliedert in
a) Osthimalaya (Sikkim) und
b) Westhimalaya,
sind mehrere schöne Pflanzen, namentlich subalpine Rho-
dodendren bei uns beliebte Zierpflanzen geworden. Die
Gattung Rhododendron tritt hier in vielen Arten in förm-

lichen Waldungen auf und die Urheimath dieser schönen Gattung ist denn auch im Himalaya zu suchen.

Wir machen ausserdem auf die zahlreichen Primula-, Androsace-, Bergenia-, Delphinium- und Polygonum-Arten aufmerksam.

Ausser der Himalaya-Flora ist also auch die Flora von
c) Turkestan
zur Anschauung gebracht worden. — Den

12. Altaï

wollen wir ebenfalls nur flüchtig streifen. Hier finden wir viele alte Bekannte aus den Alpen wieder: Oxyria digyna, Polygonum viviparum, Anemone narcissiflora, Sagina Linnaei, Viola biflora, Dryas octopetala, Androsace villosa, Erigeron alpinus, Phleum alpinum und Carex atrata sind uns — manche auch schon aus dem Riesengebirge — wohl vertraut. Neu treten z. B. auf die schöne Primula cortusioïdes und P. auriculata, Viola altaïca, von der unser Garten-Stiefmütterchen stammt, Leontice altaïca u. a.; in der subalpinen Region begrüssen wir unter den hohen Stauden den Rhabarber (Rheum Rhaponticum).

13. Die subarktische sibirische Flora

— unter dem Einflusse mässiger Sommerwärme und ausgiebiger wässeriger Niederschläge in allen Jahreszeiten, mit winterlicher Unterbrechung der Vegetation — lässt sich in eine östliche, vorwiegend aus Laubwald, und in eine westliche, vorwiegend aus Nadelwald zusammengesetzte Hälfte gliedern.

a) Die charakteristischen Laubwaldbäume der ostsibirischen Waldflora sind uns zum grossen Theil wohlbekannt, es sind die Birken Betula pubescens und verrucosa, die Zitterpappel (Populus tremula), die Erlen Alnus incana und viridis, die Traubenkirsche (Prunus Padus) und die Eberesche oder der Vogelbeerbaum (Pirus Aucuparia). Besondere Repräsentanten dieser Flora sind ferner Populus balsamifera varietas suaveolens und die mit den Spiraea-Arten nahe verwandte Gattung Sorbaria.

b) In der westsibirischen Waldflora spielen eine Fichten-, eine Tannen- und eine Lärchenart (Picea obovata, Abies Pichta [= A. sibirica], Larix sibirica, letztere wohl nur eine Varietät von L. europaea) die Hauptrolle. Am Ural erscheint auch die schon früher genannte Zirbelkiefer.

B. Mittelmeergebiet und Makaronesien.

1. Mittelmeergebiet.

Das Land, „wo die Citronen blühn, im dunklen Laub die Goldorangen glühn", ist nicht die Heimath dieser Gewächse. Die „Agrumi" (vom italienischen agro = sauer), also die Pomeranzen, Apfelsinen (= chinesischer Apfel) und Citronen oder Limonen sind erst im Mittelalter als Culturpflanzen aus dem extratropischen Ostasien verbreitet worden. Auch der „gesegnete Baum" der Araber, die Dattelpalme, ist in Europa nicht heimisch; sie wird besonders in Spanien und auf den griechischen Inseln und zwar nur als Zierbaum cultivirt, ist aber schon in Nordafrika zu Hause und in Arabien, von welchem ein Theil durch diesen wichtigen Besitz zum „glücklichen" gestempelt worden ist. Auch von manchen der uns bekanntesten immergrünen und anderen Gewächsen, die auch cultivirt werden, als deren Heimath wir das Mittelmeergebiet anzusehen gewöhnt sind, hat Victor Hehn[*]) eine Einwanderung durch Vermittelung des Menschen aus dem Osten angenommen; doch ist — wie mir Herr Professor Engler mittheilt — für denjenigen, der die östlichen Mittelmeergebiete bereist hat, zweifellos, dass Lorbeer (Laurus nobilis), Myrte (Myrtus communis), Oelbaum (Olea europaea), Johannisbrotbaum (Ceratonia Siliqua), Granate (Punica Granatum), Feige (Ficus Carica) und Weinstock (Vitis vinifera) dort wenigstens wild wachsen. Auch die Cypresse (Cupressus sempervirens) ist wohl nur im östlichen Mittelmeergebiet heimisch. Die durch ihre breite, schirmförmige Krone auffallende Pinie (Pinus Pinea) stammt vielleicht aus Kleinasien und Syrien.

Klimate der Art wie das des Mittelmeergebietes mit im allgemeinen ziemlich heissen und trockenen Sommern und milden, niederschlagreicheren Wintern (Jahreswärme 15—20°), so dass viele Pflanzen das ganze Jahr hindurch vegetiren, begünstigen das Auftreten immergrüner Laubhölzer, von denen die baumförmigen eine geringere Höhe erreichen als die nur sommergrünen Bäume. Sie bilden als

a) immergrüne Macchia (italienisch = Dickicht, Gestrüpp, Buschwald) im europäischen Mittelmeergebiet besondere Gemeinschaften in der Form von Buschwäldern.

Mehrere dieser Gewächse und auch andere, z. B. der Stinkstrauch (Anagyris foetida), sind die einzigen europäischen Vertreter von Pflanzengruppen, die sonst vor-

---

[*]) „Kulturpflanzen und Hausthiere in ihrem Uebergang aus Asien nach Griechenland und Italien sowie in das übrige Europa." 4. Aufl. Berlin 1883.

zugsweise in den Tropen entwickelt sind. Der Oleander
(Nerium Oleander), die Myrte, der Johannisbrotbaum, der
Oelbaum, die Pistacia-Arten, unter diesen die bemerkens-
wertheste des Gebietes, die Mastix-Pistacie (P. Lentiscus)
sind solche tropische und subtropische Typen und sie
sind dementsprechend auch alle — wie der französische
Botaniker Ch. Martins*) nachwies — gegen Kälte besonders
empfindlich. Sie weisen also durch diese Eigenschaft
auf heissere Gebiete und reden von einer Zeit, der Tertiärzeit der Geologen, während welcher es im Mittelmeergebiet wärmer war als jetzt. Die in Rede stehenden
Typen sind grösstentheils in der europäischen Flora der
Tertiärzeit nachgewiesen. Sie haben sich im Mittelmeergebiet aus jener Zeit — abgesehen natürlich von denjenigen, die durch den Menschen nachträglich eingeführt
worden sind — durch die auf die Tertiärzeit folgende
Diluvialzeit hindurch erhalten, während in nördlicheren
Gebieten — z. B. auch in Norddeutschland — zur Diluvialzeit eine Periode der Vereisung eintrat, welche tropische und subtropische Pflanzenformen aus diesen Be-
zirken vollständig verdrängte. — Ausser den obengenannten
Arten sind in den Macchien noch bemerkenswerth und ebenfalls auf subtropische und tropische Klimate weisend: der
Erdbeerbaum (Arbutus Unedo) und der Kirschlorbeer
(Prunus Laurocerasus). — An diese Gruppe schliesst
sich ein

b) Chamaerops-Gebüsch aus der Zwergpalme
(Chamaerops humilis) an, der einzigen im Mittelmeergebiet
heimischen von den „Fürsten der Pflanzenwelt", den
Palmen. Die Zwergpalme macht in Algier ganze Quadrat-
meilen gleichsam zu Palmenwiesen und bildet in Spanien
ebenfalls dichte Gestrüppe.

c) Die Strandflora mit den eigenthümlichen, zu
den Gymnospermen gehörigen Ephedra-Arten, mit der
Euphorbia Myrsinites, den Frankenien und dem Abraham-
strauch (Vitex Agnus castus) muthet uns recht fremd an.

d) Die Ericaceen-Macchia, vornehmlich verschiedene grosse Erica-Arten (E. arborea, die baumförmig
wird, mediterranea und scoparia) ferner die Cistus-
Macchia, gebildet aus den oft ganze Strecken über-
ziehenden Ciströschen (Cistus), mit ihren ausserordentlich
zarten und leicht abfallenden Blumenblättern zur Blüthezeit
einen prachtvollen Anblick gewährend, bilden wiederum
besondere Gemeinschaften, welche besonders auf trockenem
Boden vorkommen. Ganze Strecken überziehen auch die

e) Genisteen-Macchien aus den Gebüschen von

---

*) Mém. Acad. sc. IX. p. 87. Montpellier 1877.

Genista-, Ulex- und Cytisus-Arten. — Ausserdem sind bemerkenswerth die

f) Felsenpflanzen, unter ihnen besonders die die Raute (Ruta graveolens), Iberis- und Helianthemum-Arten, Anthyllis Barba Jovis, die Jasmin-Art Jasminum fructicans, Winden- (Convolvulus-) Arten, Acanthus spinosus, dessen stilisirte Blätter an den Kapitälen korinthischer Säulen Jedermann kennt, Salvia argentea, Artemisia-Arten, das Heiligenkraut (Santolina Chamaecyparissus). Die ursprünglich in Westindien einheimische, jedoch jetzt durch die Cultur im Mittelmeergebiet weit verbreitete Stachelfeige oder Fackeldistel (Opuntia vulgaris) ist ebenfalls vertreten, ebenso die in Mittel- und Südamerika einheimischen Agave americana, gewöhnlich fälschlich als Aloë, und zwar als 100jährige Aloë, bezeichnet, die jedoch in Wahrheit zu ihrer Entwicklung bis zur Fruchtreife nur eine grosse Anzahl Jahre gebraucht. Sie wird in den Ländern um das Mittelmeer cultivirt und verwildert ebenso wie die Opuntie so häufig, dass beide charakteristische Pflanzen italienischer Landschaften geworden sind: sie erscheinen uns jetzt von der Mediterran-Landschaft unzertrennlich.

Ausser den Macchien giebt es im Mittelgebiet auch noch immergrüne

g) Eichengehölze, in denen Quercus coccifera und Q. ilex die Hauptrolle spielen. Als Unterholz finden wir hier den bekannten sog. „Laurus Tinus“ (Viburnum Tinus) der Gärtner, Ruscus, als Kletterpflanze Smilax.

2. Makaronesien

umfasst Madeira, die Azoren und die Canaren. Die Flora dieser Inseln zeigt viel Uebereinstimmung mit der Flora des Mittelmeergebietes; aber auch tropische und speciell afrikanische Typen haben sich hier erhalten.

Zur Darstellung sind gelangt:

a) Die Flora von Madeira,

b) die Flora der Canaren mit den zahlreichen der unteren Region von Teneriffa angehörigen Succulenten, wie Sempervieven, Euphorbia canariensis, ferner ausgezeichnet durch Arten mit holzigen Stengeltheilen aus Gattungen, die sonst nur Arten von Staudencharakter aufweisen, wie Sonchus, Echium und Convolvulus floridus. Auch ein kleiner Drachenblutbaum (Dracaena Draco), der auf die Tropen weist, ist vorhanden. Endlich

c) der Lorbeerwald von Teneriffa aus Laurus canariensis und Pflanzen mit lorbeerblattartigen Blättern, wie Myrsine excelsa, Persea indica, Ocotea foetens, Visnea Mocanera u. s. w. gebildet.

C. Extratropisches Ostasien.

Eine grosse Anzahl Gattungen der chinesisch-japanischen Flora sind gleichzeitig in Europa, auf dem Himalaya, in Ostasien und in Nordamerika durch verschiedene
Arten vertreten; häufig kommen auch einzelne sich entsprechende Arten, die sich nur wenig von einander unter-
scheiden, in zwei oder drei von diesen Gebieten getrennt
vor. Solche Gattungen waren in der — unserer Jetztzeit vorausgegangenen — Eiszeit, während welcher
geologischen Periode — wie wir schon S. 25 an-
deuteten — ganze Distrikte der nördlich gemässigten
Zone mit einer Eisbedeckung versehen waren, auf der
nördlichen Hemisphäre viel weiter verbreitet als jetzt.
„Es ergiebt sich aus pflanzenpaläontologischen Thatsachen,
dass vor der Eiszeit einerseits die jetzige Flora der gemässigten Zone viel weiter nach Norden verbreitet war,
andererseits in den einzelnen Theilen der nödlichen Hemisphäre eine grössere Uebereinstimmung in dem Charakter der Flora herrschte. Schon durch die Richtung
der Gebirgszüge wurde in dem grössten Theile der alten
Welt eine Sonderung zwischen der nördlich und südlich
derselben entwickelten Flora herbeigeführt, während in
Ostasien die hauptsächlich von Norden nach Süden statt-
findende Richtung der Gebirgszüge der Wanderung der
Pflanzen in dieser Richtung keine Schranke setzte, wenn
nur sonst die Bedingungen für Ansiedlung und Erhaltung
von Formen benachbarter Gebiete gegeben waren. Als
während der Glacialperiode die nördliche Baumgrenze
erheblich nach Süden verschoben wurde, mussten mit den
Bäumen auch eine Menge anderer Pflanzen, welche zuvor
in den höheren Breiten näher bei einander wohnten, nach
Süden wandern, wobei natürlich die Distanz zwischen
manchen einander zuvor benachbarten verwandten Formen erheblich vergrössert wurde. Anderseits starben natürlich eine Menge der älteren Formen aus. So erklärt
sich das Vorkommen einzelner correspondirender Arten
an so entferuten Lokalitäten. Es ist ferner bekannt, dass
in Ostasien und im westlichen Nordamerika der Einfluss
der Eiszeit sich nicht in dem Grade geltend machte wie
im östlichen Nordamerika und namentlich in Europa wo
den von Norden kommenden Gletschern die von den Alpen herabsteigenden entgegenkamen. Dazu kam, dass der
von Westen nach Osten streichende Gebirgszug den Wanderungen von Norden nach Süden eine Schranke setzte
und somit die Conservirung vieler im Norden verbreitet

gewesenen Pflanzen in südlicheren Breiten nicht ermöglicht wurde. In Ostasien und Nordamerika gestattete aber die Lage der Gebirge eine solche Conservirung. Dadurch erklärt sich, dass die Flora des extratropischen Ostasiens, sowie die von Nordamerika in ihren Bestandtheilen viel mehr an die Flora der Tertiärzeit erinnert, als die gegenwärtige Flora Europas, welche gegenüber den anderen Floren weniger durch eigenthümliche Formen, als durch das Fehlen von Formen, die naturgemäss bei uns existiren könnten, charakterisirt ist. So erklärt es sich auch, warum nun, nachdem in Europa zum Theil wieder die vor der Eiszeit herrschenden Existenzbedingungen hergestellt sind, die grosse Mehrzahl der nordamerikanischen und ostasiatischen Pflanzen in Europa und namentlich in Westeuropa vortrefflich gedeiht.

Die Floren des nördlichen China, des Amurgebiets und Japans stehen unter einander in so enger Beziehung, dass sie hier im Zusammenhange dargestellt werden können, wenn auch zweifellos das durch sein insulares Klima ausserordentlich begünstigte Japan erheblich formenreicher ist, als die anderen Gebiete. Zudem ist namentlich durch Siebold und nach ihm durch viele andere die Einführung japanischer Pflanzen in Europa so stark betrieben worden, dass gerade diese Flora in unseren Gärten sehr gut repräsentirt ist, während aus dem nördlichen China erst jetzt mehr Formen zu uns gelangen. Die bemerkenswertesten Züge der Japanischen Flora, welche auch bei unserer Gruppe zum Ausdruck gebracht sind, sind folgende: 1. grosse Mannigfaltigkeit, da die 2743 Arten von Gefässpflanzen Japans sich auf 1035 Gattungen 154 Familien vertheilen; 2. grosser Reichthum an Holzgewächsen; 3. grosser Reichthum an einzelnen Vertretern aus solchen Familien, deren Hauptentwicklung in das tropische Gebiet hineinfällt; 4. grosser Reichthum an artenarmen, meist monotypischen Gattungen (44); 5. verwandschaftliche Beziehungen zur Flora Nordamerikas, insbesondere zu der des atlantischen, zur Flora des Himalaya und auch zu derjenigen Europas; 6. grosser Reichthum an Coniferen 41 Arten." (Engler.)

Nach dem Gesagten ist also die Flora des chinesisch-japanischen Gebietes gemischten Charakters wie die Tertiärflora: Pflanzen von dem Aussehen derjenigen gemässigter Klimate und solche, die denen des Mittelmeergebietes sowie der Tropen gleichen, wachsen nebeneinander. In Nord-China mit seinen strengen Wintern fehlen natürlich die tropischen Typen.

Die Sommer des extratropischen Ostasiens sind warm bis heiss, die Winter milde bis strenge; die Niederschläge

erfolgen regelmässig und im Frühsommer ungemein
reichlich.

Von den

a) Immergrünen Laubhölzern vorwiegend des
Südens von Japan sind viele als häufige Zierpflanzen
bei uns allgemein bekannt. Vor allen Dingen die Ca-
mellie, Magnolien, die als Topfblattpflanze beliebten
Evonymus japonicus, Aucuba japonica, Aralia Sieboldi
und Pittosporum Tobira; ausserdem machen wir auf den
Verwandten des Sternanisbaumes (Illicium religiosum), den
Kampherbaum (Camphora officinarum), Thee und Olea
ilicifolia aufmerksam.

b) Hara wird die blumenreiche Formation der Wiesen
und Gebüsche oder besser gesagt von Stauden und Gesträuchen genannt*). Von unseren Wiesen unterscheidet
sich diese Formation durch das Fehlen eines dichten
Graswuches. Auch von hier wie überhaupt sehr reichlich aus der japanischen Flora stammen beliebte Zierpflanzen unserer Gärten; ich brauche nur an Deutzia, Dier-
villa, auch Azaleen, Lilium lancifolium, Hosta (Funkia)
und Hemerocallis zu erinnern. Manche Arten unserer
Waldwiesen treten auch hier wieder auf.

c. Die sommergrüne Laubwaldflora der unteren
Region in Japan sowie des nördlichen China und
Amurlandes zeichnet sich im Gegensatz zu unseren Laub-
wäldern durch grosse Mannigfaltigkeit der sie zusammen-
setzenden Gehölze aus. Die Gattungen Quercus, Casta-
nea, Carpinus, Acer treten in vielen Arten auf, ferner
finden sich Betula, Aesculus, Magnolia, Ulmus, Tilia mit
Gesträuchen unserer allbekannten Topf-Zierpflanze der
Azalie (Rhodendron indicum = Azalea indica), Hortensien
(Hydrangea) und viele Schlinggehölze wie die bei uns als
Wandbekleidung beliebt gewordene Wistaria chinensis
mit ihren schönen, hängenden, lila-farbenen Blumen-
Trauben und Akebia quinata.

Nicht unerwähnt dürfen wir lassen, die zwar nicht
zu den Laubhölzern gehörige, aber physiognomisch ihnen
zuzurechnende Gingko biloba, eine Conifere, also zu den
„Nadelhölzern" gehörige Art mit zweilappigen, breit-
spreitig-keilförmigen und alljährlich abfallenden Blättern**).

---

*) Nach einer mir gütigst von Hrn. Tabara gewordenen
Mittheilung bedeutet das japanische Wort Hara „eine un-
bebaute weite Ebene, die mit Gras, Unkräutern oder niedrigen Sträuchern bewachsen oder aber ganz kahl sein kann."
Wiese heisst auf japanisch Makiba.
**) Ein besonders schönes, grosses Exemplar von G. b. befindet
sich von Alters her im Freien ausgepflanzt in der Partie D 2a.
Auch in den anderen Gruppen stehen hier und da Baumarten,
die nicht in die betreffende pflanzengeographische Abtheilung

Nach Berichten von Reisenden findet sich Gingko in China
und Japan nur noch angepflanzt — und zwar in Japan,
wo Gingko ein heiliger Baum ist, meist in der Nähe von
Tempeln —, aber nicht wild vor. Gingko biloba ist die
einzige lebende Art seines Geschlechtes und bildet „jetzt
den einzigen Repräsentanten der Tribus der Salisburieen
in der Familie der Taxineen; nehmen wir aber die
fossilen Gattungen und Arten hinzu, erhalten wir für diese
Gruppe von Nadelhölzern 8 Gattungen und 61 Arten“
(O. Heer*). Diese Thatsache in Verbindung mit jener,
dass der Baum wild nicht vorzukommen scheint, lässt den
Gedanken auftauchen, dass er möglicherweise durch
Menschenhand aus der „Vorwelt“ in die Jetztzeit hinüber-
gerettet worden ist. Sollte aber Gingko hier und da
noch wild vorhanden sein, so ist er jedenfalls nur durch
günstigste Bedingungen aus der Tertiärzeit erhalten geblieben.

Auch die Flora der japanischen Gebirge tritt uns in
der Anlage entgegen, so

d) die Laubwaldflora der mitteljapanischen
Gebirge in 900—1000 m Höhe, wo wir z. B. unsere
Gartenpflanzen Dicentra spectabilis, Saxifraga sarmentosa
und Hydrangea finden,

e) die Laubwaldflora bis 1000—1600 m Höhe,

f) die Coniferenwaldflora in 500—1000 m Höhe
mit Cryptomeria japonica, Chamaecyparis, Thujopsis Dola-
brata und Cephalotaxus sowie endlich

g) die subalpinen und alpinen Pflanzen Japans in 1500—2400 m Höhe.

Von subalpinen Arten seien erwähnt der schöne Strauch
Berberis (Mahonia) japonica, von Coniferen Pinus parviflora, von Stauden, die aus unseren Gärten uns sehr bekannten Hosta (Funkia) plantaginea und coerulea und die
zierliche Saxifragacee (nicht Spiraee) Astilbe (Hoteia)
japonica, die in Gärten und Töpfen bei uns allbeliebt ist.

Viele Arten der japanischen Gebirge erinnern uns an
die Heimath; wir finden hier z. B. wieder Osmunda regalis, Majanthemum bifolium, Polygonum Bistorta, Anemone narcissiflora, Rhodiola rosea, Barbarea vulgaris,
Viola biflora.

---

gehören, denn aus begreiflichen Rücksichten sind die bemerkens-
werthen, schönen und grossen Bäume dort stehen geblieben, wo
sie ursprünglich gestanden haben, obwohl sie also nach der
jetzigen Disposition des Raumes wo anders hingehören. Solche
Bäume sind durch grün umrandete Etiquetten kenntlich gemacht.
*) S. 10 in Bd. I von Engler's Botanischen Jahrbüchern.
Leipzig 1881.

D. Nordamerika.

1. Nordamerikanisches Seengebiet.

Der kanadische Nadelwald, der weite Strecken bedeckt, scheidet sich in

a) Nadelwälder mit Picea nigra und alba, Larix americana und der Balsamtanne (Abies balsamea), zu denen sich 2 Erlen (Alnus viridis und incana), sowie die Populus balsamea gesellen, sowie südlich von diesen in

b) Nadelwälder mit Thuja occidentalis, dem neuweltlichen Lebensbaum, der bei uns häufig als Zierbaum angepflanzten Weimuthskiefer (Pinus Strobus) und der Schierlingstanne (Tsuga canadensis).

c) Der kanadische Laubwald birgt viele Gehölze unserer Parks, wie den Tulpenbaum (Liriodendron tulipifera), Gymnocladus canadensis, Iuglans cinerea, Carya alba, Quercus rubra und Amelanchier canadensis, als Unterholz besonders Berberis (Mahonia) Aquifolium, Staphylea trifolia, Sassafras officinale, an trockeneren Standörtern: Symphoricarpus racemosus, Physocarpus opulifolius, Ribes sanguineum und die Sandplätze bewohnende Myrica asplenifolia. Von den schönen Stauden des kanadischen Laubwaldes nennen wir Podophyllum peltatum, Sanguinaria canadensis, Trillium grandiflorum, Smilacina racemosa, Uvularia grandiflora, Asarum canadense und Erythronium americanum.

d) Die Moore beherbergen die bekannte „insektenfressende" Sarracenia purpurea, die auch bei uns im Grossen hier und da probeweise angepflanzte Oxycoccus macrocarpus, Cypripedium pubescens, Gaultheria procumbens, Kalmia glauca und angustifolia, Rhododendron viscosum und Rh. Rhodora und manche Pflanzen als Ueberbleibsel der Eiszeit, wie Eriophorum alpinum, Viola palustris, Andromeda polifolia und Primula farinosa, die sich auch in unserer Heimath erhalten haben.

2. Die Flora des atlantischen Nordamerika

zeichnet sich in Uebereinstimmung mit den Wäldern des extratropischen Ostasiens und im Gegensatz zu denen Europas und der pacifischen Küste Nordamerikas durch eine bedeutende Mannigfaltigkeit von Laubhölzern aus.

a) Laubwald. Nur wenige hierher gehörigen Arten, natürlich nur die bekanntesten und interessantesten, können genannt werden; wir werden sehen, dass auch von diesen

viele unsere Parks verschönern helfen. Zunächst treten
auch hier wieder, den Wäldern vielfach das Gepräge ver-
leihend, auf, der Tulpenbaum, Iuglans cinerea und nigra
und Magnolia acuminata; nennen wollen wir ausserdem
Tilia americana, Aesculus glabra und flava, Acer dasycar-
pum und A. Negundo, Liquidambar styraciflua, Fraxinus-
Arten, Celtis occidentalis, Ulmus-Arten, Populus balsamea,
Platanus occidentalis, Eichen-Arten, unter denen die
Wälder bildende Quercus alba. Das Unterholz wird gebildet vorwiegend von Vitis Labrusca, Tecoma radicans,
Clethra alnifolia, Sassafras, Cercis canadensis, Amorpha
fruticosa, Spiraea salicifolia und tomentosa, Amelanchier,
Hamamelis virginica und Ribes aureum, sanguineum und
floridum. Viele Farne und in Gebüschen und auf Waldwiesen andere Standen vervollständigen das Bild, namentlich zahlreiche Orchideen — unter diesen schöne Venus-
schuh-Arten, wie Cypripedium acaule, pubescens und
spectabile — sowie Liliaceen — Trillium- und Lilium-
Arten, Uvularia sessilifolia, Erythronium americanum — und
viele Compositen, z. B. Helianthus tuberosus, Silphium
perfoliatum. Bemerkenswerth sind ausserdem Caulophyllum
thalictroïdes und Adlumia. — Den Waldrand nehmen meist
Arten trockener Standorte ein, nämlich Sträucher von Rhus-
und Carya-Arten, Halesia tetraptera, Catalpa bignonioides,
Mespilus Crus galli und coccinea, Prunus serotina, Ptelea
trifoliata, sowie die Schlingpflanzen Vitis riparia und vul-
pina, Ampelopsis.

b) Die Alleghanies tragen ausser Laubwald auch
grosse Bestände von Nadelhölzern: Pinus pungens, Abies
Fraseri, die Schierlingstanne u. Juniperus virginiana sind hier
vor anderen zu erwähnen, als charakteristische Laubhölzer
Berberis canadensis, Calycanthus floridus, Fagus ferru-
ginea, Aesculus parviflora und Ericaceen der Gattungen
Rhododendron und Kalmia. Zahlreich vertreten sind
Kräuter aus den Familien der Saxifragaceen (Parnassia,
Heuchera, Boykinia, Mitella, Tiarella, Saxifraga), Pole-
moniaceen, Onagraceen und Compositen. In der höchsten
Region der Alleghanies, in der pflanzengeographischen
Gruppe durch einen besonderen Steinhügel repräsentirt,
finden wir arktisch-alpine Arten, wie Silene acaulis, Sibbaldia, Loiseleuria und Empetrum nigrum und daneben
eigenthümliche Arten, wie Shortia galicifolia, Dodecatheon
und ein hohes Bärlappgewächs: Lycopodium dendroïdeum.

c) Die carolinische Zone mit sehr ausgedehnten,
sandigen Flächen ist durch Kiefernwälder, „Pine barrens",
besonders aus Pinus australis, in untergeordnetem Maasse
von Pinus mitis, inops und P. Taeda charakterisirt. An
trockeneren Stellen bemerkt man Leiophyllum, Zanthoxylon

carolinianum, ferner Yucca-Arten, besonders Y. filamentosa
und Phlox subulata.

d) Die Formation der „Swamps", der „Küsten-
sümpfe" wird aus Nadelwäldern besonders der virginischen
Sumpfcypresse (Taxodium distichum) gebildet, die wir aus
unseren Parks als schönen Baum kennen. Die Sumpfcypresse erzeugt begrenzte und „unbegrenzte" Sprosse,
die zart hellgrünen Nadeln stehen an ersteren allseits-
wendig, an letzteren zweizeilig gescheitelt; die begrenzten
Sprosse fallen mit ihren Blättern als ein Ganzes im Herbste
oder im nächsten Frühjahre ab. Eine weitere Conifere
der Swamps ist Cupressus thuyoïdes; aber auch den Charakter beeinflussende Laubhölzer wie Fothergilla alnifolia
und Clethra alnifolia und die wegen ihrer schönen Blumen
auffallenden Rhododendron nudiflorum und viscosum sind
hier vorhanden. Hohe und wegen ihrer Schönheit in unsere
Gärten eingeführte Stauden bedecken den Boden dieser
Wälder, die auffallendsten sind Eupatorium purpureum, Rud-
beckia laciniata, Physostegia virginica und Lobelia syphilitica.

Sind die vorher skizzirten Formationen Nordamerikas
dem Laien unbekannt oder weniger bekannt, so hat doch
ein jeder von den charakteristischen, im Gegensatz zu
den Steppen den ganzen Sommer hindurch blumenreichen
c) Prairien — zwischen den atlantischen Wäldern und
den Ketten der Rocky Mountains — gehört. Das Klima
erinnert an die Steppe: der Sommer der Prairien ist heiss,
im Nordosten trocken, sonst mit spärlichen Niederschlägen
versehen; der Winter ist streng. „Die charakteristischen
Laubhölzer und Coniferen der atlantischen Küsten ver-
schwinden immer mehr, je weiter man gegen das Innere
des Kontinents vordringt, und eine üppige Staudenvegetation bedeckt den Boden. Nicht so wie in der Steppe,
in welcher die Stauden hastig und rasch ihre Blüthen
entfalten, um bald darauf den sterilen Boden mit abge-
storbenen Resten zurückzulassen, vollzieht sich das Pflanzenleben der Prairieen. Den ganzen Sommer hindurch, bis
in den Herbst hinein, entfalten sich ansehnliche Blumen …
Bald nachdem im Frühjahr Anemone decapetala, Pent-
stemon pubescens, (— die jetzt auch in Deutschland ver-
wilderte — Potonié) Sisyrinchium Bermudiana, (— die
aus unseren Gärten uns wohlbekannte — Potonié) Tra-
descantia virginica, Saxifraga pennsylvanica ihre Blüthen
geschlossen haben, folgen ihnen zahlreiche Compositen
mit ihren gelben und roten Blüthenköpfchen und in ihrer
Gesellschaft findet man Euphorbia corollata, Hypoxis
erecta, Amorpha canescens, Gentiana Andrewsii, und endlich im Herbst beginnen zahlreiche Astern, Solidago-Arten,
Gentiana puberula u. s. w. ihre Herrschaft" (Pax).

3. Das Pacifische Nordamerika,

von dem atlantischen Nordamerika durch das ganze Gebiet der Prairien getrennt, ist reich an Coniferen, während Laubhölzer nur schwach vertreten sind, einige Familien, die sonst eine hervorragende Rolle in Nordamerika spielen, wie die der Magnoliaceen und Menispermaceen fehlen hier ganz. — Im Norden des Gebiets in dem

a. Oregongebiet sind von Coniferen charakteristisch Cupressus Lawsoniana, Chamacyparis nutkaënsis, Thuya gigantea, Picea sitchensis, Tsuga Douglasii, T. Mertensiana, T. Pattoniana und Abies grandis, von Laubhölzern die beiden bei uns besonders häufig angepflanzten Berberis Aquifolium und Ribes aureum, ausserdem Lonicera Ledebourii, Holodiscus discolor und Philadelphus Lewisii. Die Stauden Tellima grandiflora, Saxifraga peltata, Epimedium hexandrum und Mimulus cardinalis haben hier ihre Heimath. — Die alpine Flora, namentlich die Glacialflora des

b. Caskadengebirges ist wieder auf Steinhügeln untergebracht. Aus der Flora des Gebietes der

c. Sierra Nevada nennen wir den über 100 m erreichenden Riesen der Bäume, den Mammuthbaum oder die Californische Riesentanne (Sequoia gigantea) und von anderen Coniferen Libocedrus decurrens, Abies nobilis, von Laubbäumen Acer californicum und Betula occidentalis. Im Küstengebiet westl. der S. N. ist die nahe Verwandte des Mammuthbaumes Sequoia sempervirens zu Hause.

4. Die Rocky Mountains.

Der Charakter der Nadelwälder in gewisser Höhe der Rocky Mountains wird bestimmt durch die Tanne Abies concolor, die Fichten Picea Engelmanni und pungens, sowie die Kiefern Pinus ponderosa und monophylla.

Die höheren und höchsten Regionen tragen ausser endemischen Arten wieder viele Glacialpflanzen, die wir aus den Alpen, zum Theil sogar aus dem Riesengebirge kennen. Weit verbreitete, auch hier wieder anzutreffende Glacialpflanzen sind z. B.: Oxyria digyna, Anemone narcissiflora, Draba alpina, Silene acaulis, Sibbaldia, Saxifraga nivalis und oppositifolia, Sedum Rhodiola, Androsace Chamaejasme, Veronica alpina, Aster alpinus, Antennaria alpina, Luzula spicata, Poa alpina, Trisetum subspicatum.

Bei der Auswahl der Arten für die Gebirgsflora war es Grundsatz, nicht nur die bemerkenswerthesten endemischen Arten, sondern wie wir hier sehen, auch die

— für unsere Vorstellungen von den Pflanzenwanderungen
so wichtig gewordenen — verbreiteten Glacialpflanzen
vorzuführen, welche letzteren wir demnach in den verschiedenen „Gebirgen“ der Anlage wiederkehrend finden.
Es wird hierdurch auf die nachtertiäre Entwicklung der
Pflanzenwelt in der nördlichen gemässigten Zone, von
der wir unter C schon ausführlicher gesprochen haben,
immer wieder aufmerksam gemacht.

In Anknüpfung an das eben Gesagte, wollen wir hier
noch einmal und zwar etwas ausführlicher und bisher
Gesagtes zusammenfassend auf unsere Heimath zurück-
zukommen.
Nicht allein die Gebirge besitzen Arten der Glacialflora, mit Einschluss der Gruppe der boreal-alpinen
Pflanzen, sondern auch die unterste Region derjenigen
Gebiete, welche zur Diluvialzeit grösstentheils mit Eis —
etwa wie jetzt noch Grönland — bedeckt waren. So
auch das norddeutsche Tiefland! An günstigen Oertlich-
keiten hat auch Norddeutschland zur Eiszeit eine Pflanzen-
decke besessen.
Die muthmassliche Flora Norddeutschlands jener Zeit:
Glacialflora, müssen wir also in zwei Gruppen zer-
theilen. Einerseits sind nämlich diejenigen Arten zu-
sammenzufassen, welche heutzutage fast ausschliesslich
nur noch die höheren Gebirge und den hohen Norden
bewohnen, also echte boreal-alpine Pflanzen sind, andererseits bilden, worauf Engler*) aufmerksam macht,
diejenigen Gewächse eine Gemeinschaft, welche auch noch
heute in unserem Gebiet, sowie in anderen gemässigten
Klimaten häufiger sind, auch zum Theil als Begleiter
boreal-alpiner Arten auftreten und daher mehr oder minder
in wesentlichen Lebenserscheinungen mit diesen überein-
stimmen. Was insbesondere die zur ersten Gruppe gehörigen Arten anbetrifft, so wurden diese bei dem Uebergang der Eiszeit in die wärmere, alluviale Zeit zum
Rückzuge nach dem Norden und den höheren Gebirgs-
regionen veranlasst; aber an vereinzelten Stellen, welche
den nachdrängenden Einwanderern keine zusagenden
Lebensbedingungen boten, wie auf den nasskalten Torf-
moorflächen, den kältesten Orten des Tieflandes, dort
liess diese Flora einige Vertreter bis auf den heutigen
Tag zurück. Da die letzteren also jetzt bei uns meist
selten sind, und wegen ihres oft eigenthümlichen Baues
erscheinen uns diese specifischen Arten der Eiszeit wie
Freindlinge, und man wird verführt, das gemeinsame

*) Versuch Bd. I. S. 157 u. ff.

Auftreten mehrerer Arten an demselben Standort als eine
Kolonie zu bezeichnen, während doch gerade diese Gewächse von den jetzt bei uns lebenden diejenigen sind,
welche am längsten unser Gebiet bewohnen: es sind
lebende Zeugen einer längst verschwundenen Zeit, sie
stellen gleichsam ein Stück Vorwelt dar unter den Pflanzen
der Gegenwart!

Bis jetzt noch in Norddeutschland zurückgebliebene,
typische boreal-alpine Arten, von denen wir die borealen,
wenigstens nicht in den Alpen vorkommenden, durch den
Buchstaben *B* kennzeichnen, sind z. B.: Andromeda
calyculata *B*, Aspidium Lonchitis, Betula humilis und
nana, Carex chordorrhiza, heleonastes, irrigua und pauci-
flora, Cornus suecica *B*, Empetrum nigrum, Eriophorum
alpinum, Gentiana verna, Juncus filiformis, Ledum palustre *B*, Linnaea borealis, Malaxis paludosa, Microstylis
monophyllos, Polygonum viviparum, Primula farinosa,
Rubus Chamaemorus *B*, Salix myrtilloïdes und nigricans,
Saxifraga Hirculus, Scheuchzeria palustris, Scirpus caespi-
tosus, Stellaria crassifolia und Friesiana *B*, Sweertia
perennis, Tofieldia calyculata.

Verfolgen wir in knappen Zügen die fernere Entwicklung der Flora unserer Heimath!

Nach der Eiszeit wanderten — wie unter A 7 a
(Seite 20) bereits angegeben — über die Ostgrenze Arten
der „pontischen Provinz“ Kerner's zu uns ein. Wie unter
den Glacialpflanzen die boreal-alpinen eine charakteristische
Gruppe bilden, so zeichnen sich auch unter den pontischen Pflanzen unseres Gebietes gewisse Arten besonders aus, insofern als dieselben in ihrem Aussehen ganz
an typische Steppenpflanzen erinnern und letzteren
auch in Bezug auf ihre Anforderungen an die Boden-
beschaffenheit und an das Klima ähnlich sind oder gleichen.
Wenn wir bei uns nach solchen Steppenpflanzen suchen, so
werden wir daher erwarten, sie am ehesten an trockenen
und sandigen Stellen zu finden. Tragen wir uns nun die
Standörter mit Kolonien der typischsten dieser Pflanzen
in eine Karte unseres Gebietes ein, so nehmen wir bald
wahr, dass sie sich vorwiegend an den Ufern der
Weichsel und in einem Striche angesiedelt haben, welcher
von der Weichsel der Bromberger Gegend über Frank-
furt a. O. bis Magdeburg nach dem Westen durch Norddeutschland hinzieht und an anderen grossen Thälern, die
der vorbezeichneten Linie etwa parallel gehen. Wir
können noch heute in auffallendster Weise sehen, dass
diese sich von Osten nach Westen erstreckenden Thäler
die Becken von alten, mächtigen Urströmen darstellen,
welche gegen Ende der Eiszeit die jetzigen Thäler der

Weichsel, Oder und Elbe mit einander verbanden und
welche ursprünglich die gewaltigen Wassermassen des
abschmelzenden Eises nach Westen in die Nordsee führten.
In diesen von Osten nach Westen sich hinziehenden
Thälern bauen wir heute unsere Kanäle, und Berlin z. B.
liegt in dem Thale des einen dieser Urströme, und zwar
an der engsten Stelle. Längs der noch erkennbaren
Thäler dieser Urströme also finden sich die Steppenpflanzen unseres Gebietes in bedeutenderen Ansamm-
lungen, und es wird durch die Untersuchungen E. Loew's*)
aus diesem Grunde annehmbar, dass diese Gewächse die
Ufer dieser grossen Ströme als Heerstrasse bei ihrer Einwanderung benutzt haben. Allerdings lässt sich nicht
leugnen, dass Manches gegen diese Anschauung spricht.
So finden sich einerseits Steppenpflanzen in unserem Gebiete nicht selten auf Sandhügeln, welche oft als Dünen-
bildungen anzusehen sind, jedenfalls keine alten Ufer
darstellen, und andererseits fehlen zuweilen Arten dieser
Gruppe von Pflanzen dort, wo man sie erwarten sollte;
auf der Strecke zwischen Bromberg und Landsberg an
der Warthe sind Steppenpflanzen z. B. nur ganz spora-
disch verbreitet. P. Ascherson's Meinung**) geht deshalb
dahin, dass diese Pflanzen vorwiegend durch den Wind
verbreitet wurden, und es kann nicht Wunder nehmen,
dass sie vornehmlich die alten Stromufer bewohnen, weil
gerade diese ihnen die günstigsten Bedingungen bieten.

Auch aus dem Süd-Westen und Westen, den lieb-
licheren Gefilden zwischen dem atlantischen Ocean und
dem westlichen Mittelmeer wanderten Arten ein: die atlantischen und westmediterranen Pflanzen, die
sich naturgemäss am zahlreichsten in dem von ihnen
zuerst besetzten westlichen („atlantischen") Teile unseres
Gebietes finden, sodass die Vegetation, welche westlich
von der Elbe etwa auftritt, sich von der östlich dieses
Stromes (des „baltischen" Gebietes) deutlich unterscheidet.

Eine weitere Epoche begann mit dem Eindringen der
Niederungsflora, welche die jetzigen Flussthäler als
Heerstrassen benutzte. Endlich müssen wir noch die
Flora der Ankömmlinge (im weitesten Sinne) er-
wähnen, welche sich erstens aus verwilderten Nutz- und
Zierpflanzen, zweitens aus Arten, die der Laie für echt
deutsch zu halten geneigt ist, wie die meisten unserer
gemeinen Acker-Unkräuter (z. B. die Kornblume), die in

---

*) „Ueber Perioden und Wege ehemaliger Wanderungen im
norddeutschen Tieflande" in der Zeitschrift „Linnaea" Bd. XLII.
Berlin 1879.
**) Ausgesprochen in Potonié, Illustrirte Flora 4. Aufl. S. 37.

das Gebiet durch Verschleppung z. B. mit Kulturpflanzen gelangten und endlich aus Arten, die in geschichtlicher und auch schon vorgeschichtlicher Zeit selbständig einwanderten, jedenfalls der letzten Periode in der Entwickelung unserer Flora angehören. So ist eine der häufigsten Pflanzen des östlichen Norddeutschlands, die Wucherblume, (Senecio vernalis), erst in den zwanziger Jahren unseres Jahrhunderts, wo sie sich zuerst in Schlesien und der Provinz Preussen zeigte, aus dem Osten zu uns eingedrungen und wird dem Landwirth durch ihr massenhaftes Auftreten lästig. Ueberhaupt breiten sich gerade die zu allerletzt eingewanderten Gewächse nicht selten in grosser Individuenzahl und sehr schnell aus; sie verdrängen gern die ihnen verwandten einheimischen Arten und erscheinen uns dann oft wie längst bei uns eingebürgert. Häufig sorgt der Mensch durch unbewusste Verschleppung von Samen, die sich in tausend Schlupfwinkeln verbergen, für eine Einführung von Ankömmlingen und solcher Weise hat unsere Flora neuerdings manche Bereicherung namentlich an nordamerikanischen Arten erfahren. Ich erinnere diesbezüglich nur an die Wasserpest (Elodea canadensis) und Erigeron canadensis.

Wie wir sehen, ist die Flora unseres Tieflandes als eine Mischflora zu bezeichnen, als „eine Vereinigung von Gewächsen der verschiedensten Heimat" (A. Grisebach*).

Zur Vervollständigung des Bildes, das die pflanzengeographische Anlage bietet, finden sich an einer anderen Stelle des botanischen Gartens Gruppen von Pflanzen solcher Gebiete, die in der Anlage unberücksichtigt geblieben sind. Diejenigen Gewächshauspflanzen nämlich, die in den oben geschilderten Gruppen nicht in Betracht kommen, weil sie aus anderen Gebieten stammen, die aber ebenfalls im Sommer bei uns aushalten, haben auch nach pflanzengeographischen Principien in Gruppen Aufstellung gefunden.

Wenn wir vom Eingange der Potsdamerstrasse durch den von der Inspektor- und den Gärtnerwohnungen umgrenzten Vorplatz schreiten, so müssen wir uns sofort, um zu den erwähnten Gruppen zu gelangen, den ersten Weg links wenden. Diesen Weg verfolgen wir ein Stückchen und erblicken das Gesuchte gleich hinter dem Durchgang zwischen zwei Gewächshäusern.

Unmittelbar zur Linken sieht man Kaktuspflanzen aus Central-Amerika, von denen immer einige blühen,

*) „Die Vegetation der Erde" Bd. I Seite 233. Leipzig 1872.

zur Rechten eine bemerkenswerthe Gruppe von verschiedenartigen Succulenten des centralamerikanischen Hochlandes, in welcher namentlich Agaven und Dasylirien auffallen. Die Pflanzen aus den niederen Regionen Central-Amerikas, insbesondere Mexikos, bilden eine andere, weiter westlich aufgestellte Gruppe. Kakteenlandschaften, die besonders in Mexiko ihre grösste Entfaltung erreichen, gewähren einen ganz eigenthümlichen, bizarren Anblick. Schatten darf man natürlich dort nicht suchen. Die äusserst empfindlichen, zarten Blumen sind oft von einer ausgezeichneten Pracht und die Königin der Nacht (Cereus grandiflorus) macht ihrem Rufe wirklich Ehre. Gewisse Arten können 60 Fuss Höhe bei 3 Fuss Durchmesser erreichen.

Unter ähnlichen klimatischen Verhältnissen sind in der alten und neuen Welt habituell ähnliche, physiologisch gleichartige, aber systematisch sehr verschiedene Formen entstanden. Der Succulenten-Flor Central-Amerikas entspricht physiognomisch der Succulenten-Flora des nur wenig Regen empfangenden Gebietes von Südafrika. Diese Succulenten-Flora von Südafrika — hauptsächlich aus dem Gebiet der Karroo (vom hottentottischen karrû = hart), deren Boden in trockener Jahreszeit fast so hart wie gebrannter Lehm wird — ist in einer der centralamerikanischen Gruppe benachbarten Gruppe zur Darstellung gebracht; an Stelle der Agaven sehen wir hier zahlreiche Aloë-Arten, an Stelle der Kakteen succulente, kaktusähnliche Euphorbien. Einer der bemerkenswerthesten pflanzengeographischen Gegensätze bietet sich in der Spitze Südafrikas dar, wo im südwestlichen Capland die Region der Winterregen durch eine sehr formenreiche und eigenartige Flora, welche mancherlei Verwandtschaft mit der Flora Australiens und des südlichen Chiles aufweist, charakterisirt ist. Diese an immergrünen Gewächsen reiche Flora ist durch eine Gruppe neben den Succulenten Südafrikas veranschaulicht. Hier fällt besonders der Erikenreichthum auf, und in der That kann das Kap der guten Hoffnung das Erikenland kat'exochen genannt werden. Unsere beliebten Pelargonien stammen auch aus dieser Region.

Weiter nach rechts gelangen wir zu einer Gruppe mit denjenigen Pflanzen-Exemplaren aus dem Mittelmeergebiet, die in der pflanzengeographischen Anlage keine Verwertung gefunden haben.

Die Gruppe gegenüber den vorgenannten besteht, aus Repräsentanten der australischen Flora. Auch für die Aufstellung dieser Pflanzen hat Prof. Engler eine den natürlichen Verhältnissen entsprechende Gliederung vor-

nehmen lassen. Zur linken finden wir eine Abtheilung
mit der Flora Neu-Seelands. Von dieser durch einen
Gang getrennt ist die reiche Flora Ostaustraliens
zur Darstellung gebracht und von dieser durch den Weg
geschieden treffen wir auf die Flora Westaustraliens.
Wenn man die hier aufgestellten Pflanzen auch nur oberflächlich mit denjenigen der anderen Gruppen vergleicht,
so springt sofort der Unterschied in der Physiognomik
der Floren in die Augen. Schon die Färbung der australischen Gewächse ist fast durchweg mehr grau oder bläu-
lich, und den Pflanzen sind im Allgemeinen schmalere
und daher wenig Schatten gebende Blätter eigen. Manche
Arten, wie die Kasuarinen, bilden schachtelhalmähnliche,
einfache Sprosse, die auf den ersten Blick bei der
Kleinheit der Blätter blattlos erscheinen. Viele austral-
ische Akazien (nicht mit unserm häufigen Zierbaum, der
falschen Akazie: Robinia Pseudacacia zu verwechseln)
besitzen, wie die ausgestellten Exemplare zeigen, vertikal
gestellte blattähnliche und die Lebensverrichtung der Blätter
übernehmende Gebilde, welche nach theoretisch-morpho-
logischer Auffassung Blattstiele (Phyllodien) sind, und diese
besondere eigenthümliche Stellung der Anhangsorgane er-
höht die Schattenlosigkeit der betreffenden Arten. Auch
manche Gummibäume, Eukalypten, stellen ihre Blätter
senkrecht. Besonders reichlich sind hier Bäume aus der
Familie der Myrtengewächse, wie Callistemon, mit bürsten-
ähnlichen, rothen Blüthenständen, Melaleuca, Eugenia und
auch der Sumpffieber- oder blaue Gummibaum, Eucalyptus
globulus, der in neuerer Zeit in Italien — und Südeuropa
überhaupt — wegen seines schnellen Wachsthums zur Be-
seitigung von Sümpfen angepflanzt wurde, gehört zu derselben Familie. Aus Gewächshäusern sind ferner gewiss
Vielen die zu der Familie der Proteaceen gehörigen
Banksien mit ihren lederartigen Blättern bekannt, die den
landschaftlichen Charakter ebenfalls beeinflussen.

Druck von G. Bernstein in Berlin.

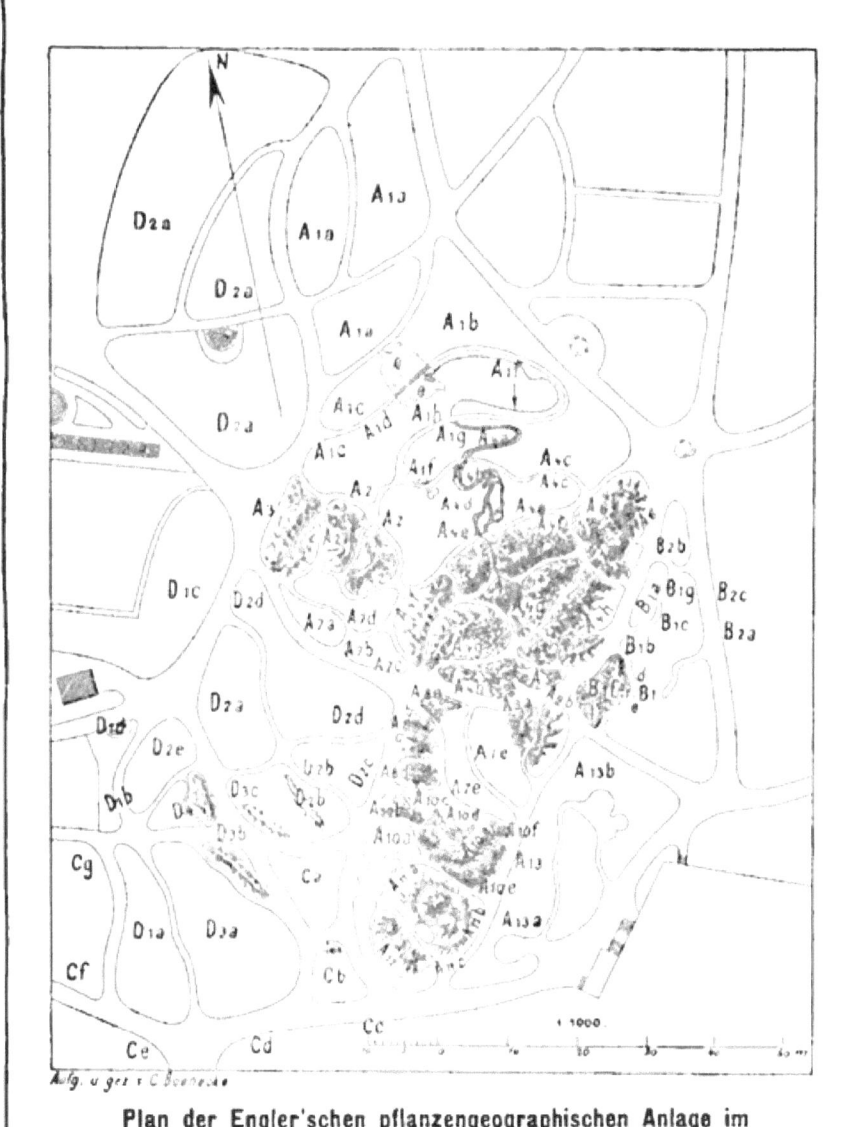

Plan der Engler'schen pflanzengeographischen Anlage im Kgl. botanischen Garten zu Berlin.

Die Erklärung für die Zeichen ergiebt sich aus dem Text.

Ferd. Dümmlers Verlagsbuchhandlung.   Druck von G. Bernstein in Berlin.